DOM ANTÔNIO AFONSO DE MIRANDA, SDN
(BISPO EMÉRITO DE TAUBATÉ)

O que é preciso saber sobre a
EUCARISTIA

EDITORA SANTUÁRIO

DIRETOR EDITORIAL:
Marcelo C. Araújo

REVISÃO:
Camila de Castro Sanches dos Santos

COORDENAÇÃO EDITORIAL:
Ana Lúcia de Castro Leite

DIAGRAMAÇÃO E CAPA:
Junior dos Santos

COPIDESQUE:
Leila Cristina Dinis Fernandes

ILUSTRAÇÃO DA CAPA:
Junior dos Santos

1ª edição: 1988
26ª edição revista e atualizada: 2012

ISBN 85-7200-820-9

30ª impressão

Todos os direitos reservados à **EDITORA SANTUÁRIO** — 2024

Rua Padre Claro Monteiro, 342 — 12570-045 — Aparecida-SP Tel.: 12 3104-2000 — Televendas: 0800 016 00 04
www.editorasantuario.com.br
vendas@editorasantuario.com.br

Apresentação

Conversando com um não católico, perguntei-lhe: "Se Cristo quisesse, ele poderia ficar presente na Eucaristia?" Depois de refletir um pouco, respondeu-me: "Poderia, sim. Porque Ele é o Senhor Onipotente. Não vejo, porém, porque Ele o faria".

Nós acreditamos que Jesus está presente na Eucaristia. Mas nem sempre nos damos conta do motivo e da importância de sua presença eucarística. E por isso a Eucaristia não ocupa em nossa vida o lugar que lhe compete.

Este livro de Dom Antônio Afonso de Miranda muito nos poderá ajudar e esclarecer. É denso, claro, direto e prático.

Não basta ler, será preciso meditar e orar sobre sua doutrina. Somente assim aproveitaremos a grande riqueza que encerra, para mais plenamente vivermos a comunhão de vida com o Senhor Jesus.

Fl. Castro

Jesus não está longe de nós

Jesus de Nazaré, que conhecemos nas páginas do Evangelho, não está longe de nós. Ele disse, antes de subir para o céu: "Eis que estou convosco todos os dias, até o fim dos tempos" (Mt 28,20).

Ele não poderia afirmar uma coisa que não fosse verdade, pois Ele é a mesma verdade. "Eu sou o caminho, a verdade e a vida", falou Jesus ao discípulo Tomé (Jo 14,6).

Jesus, embora tendo subido aos Céus, ficou para sempre na companhia dos cristãos.

Como acontece isso? De diversos modos, mas especialmente pela **Eucaristia**.

1º – Ele ficou conosco **em sua palavra**, que está nos Evangelhos. "A palavra do Senhor *permanece* para sempre... – escreveu São Pedro – e esta palavra é a que vos foi anunciada pelo Evangelho" (1Pd 1,25).

2º – Ele ficou conosco **em sua Igreja**, que é seu Corpo Místico, como disse São Paulo. Igreja que é "o sacramento ou o sinal e instrumento da íntima união com Deus e da unidade de todo o gênero humano" – como ensina o Concílio Vaticano II (*Lumen Gentium*, n. 1).

3º – Ele ficou conosco pela presença e atuação do **Espírito Santo**, que é seu próprio Espírito. "Deus enviou aos nossos corações o Espírito de seu Filho, que clama: "Abbá – Pai" – disse São Paulo (Gl 4,6).

4º – Ele está conosco pelos **Sacramentos**, que nos conferem a graça. "E ninguém ignora serem os Sacramentos ações de Cristo, que os administra por meio dos homens. Por isso são santos por si mesmo e, quando tocam nos corpos, infundem, por virtude de Cristo, a graça nas almas".[1]

5º – Mas, sobretudo, Jesus ficou conosco porque instituiu o **Sacramento da Eucaristia**, que é seu corpo, seu sangue e seu sacrifício presentes entre nós.

"O pão que eu hei de dar é a minha carne para a salvação do mundo" – prometeu Jesus em Cafarnaum, depois da multiplicação dos pães (Jo 6,51). E mais: "Quem come a minha carne e bebe o meu sangue permanece em mim e eu nele" (Jo 6,56).

Essa foi a promessa. E Ele a cumpriu na última ceia. "Durante a refeição, Jesus tomou o pão, benzeu-o, partiu-o e o deu aos discípulos, dizendo: 'Tomai e comei, isto é meu corpo'. Tomou depois o cálice, rendeu graças e lhes deu, dizendo: "Bebei dele todos, porque este é meu sangue, o sangue da nova aliança, derramado por muitos em remissão dos pecados" (Mt 26,26-29).

A Igreja sempre acreditou que quando se celebra a ceia a mandado de Jesus, presidida por um sacerdote, estão presentes o corpo e o sangue de Cristo e se renova o seu sacrifício.

Deve-se, pois, ter como um mistério de nossa fé que Jesus está conosco, por seu corpo e seu sangue consagrados na missa, e que ali se celebra o seu Sacrifício.

Esse ponto foi mais recentemente afirmado pelo Santo Padre Bento XVI em sua Exortação Apostólica *Sacramentum Caritatis*, que nos propõe, em sua Primeira Par-

---

[1] Papa Paulo VI, Encíclica *Mysterium Fidei*, n. 38.

te, a Eucaristia como "mistério a ser acreditado", ou seja, "mistério de fé". "A fé da Igreja – diz ele – é essencialmente fé eucarística e alimenta-se, de modo particular, à mesa da Eucaristia." (...) "Quanto mais viva for a fé eucarística do povo de Deus, tanto mais profunda será a sua participação na vida eclesial por meio duma adesão convicta à missão que Cristo confiou aos seus discípulos."[2]

É por esse motivo que o padre diz ao povo, depois de consagrar a Eucaristia: "Eis o mistério da fé!" E todos nós dizemos: "Celebramos, Senhor, a vossa morte e anunciamos a vossa ressurreição, enquanto esperamos vossa vinda".

Para reflexão

1) De quantas maneiras Jesus está presente hoje no mundo?
2) Qual é a mais importante presença de Jesus, hoje?
3) Quais textos dos Evangelhos e de São Paulo nos ensinam essas verdades?

---

[2] Bento XVI, *Sacramentum Caritatis*, n. 6.

A Eucaristia é o mesmo Sacrifício de Jesus que se ofereceu no Calvário

Jesus veio ao mundo, especialmente, para oferecer ao Pai um Sacrifício, que santificasse todos os homens. E ofereceu esse Sacrifício morrendo na cruz. É o que se chama "mistério da redenção".

Esse mistério devia ter continuidade ao longo dos séculos. E, por seu poder divino, Jesus o prolongou ao instituir a Eucaristia, quando disse: "Tomai e comei, isto é meu corpo que será entregue por vós". "Este é o meu sangue, o sangue da nova e eterna aliança, derramado por muitos homens em remissão dos pecados" (Mt 26,26-29). E ainda: "Fazei isto em memória de mim" (Lc 22,19).

Com essas palavras, Jesus afirma que a presença de seu corpo e de seu sangue sob as aparências do pão e do vinho é o sacrifício da nova aliança, que deve ser sempre celebrado "em sua memória".

A Antiga Aliança rompeu-se com a instituição da Eucaristia. Ensina o Papa Bento XVI: "O antigo rito consumou-se e ficou definitivamente superado mediante o dom de amor do Filho de Deus encarnado. O alimento da verdade, Cristo imolado por nós, pôs termo às figuras (*dat figuris terminum*). Com sua ordem: 'Fazei isto em memória de mim' (Lc 22,19; 1Cor 11,25), pede-nos para corresponder ao seu dom e representá-lo sacramentalmente; com tais palavras, o Senhor manifesta, por assim dizer, a esperança de que a Igreja, nascida do seu sacrifício, acolha este dom desenvolvendo, sob a guia do Espírito Santo, a forma litúrgica do sacramento. De fato, o memorial do seu dom perfeito não consiste na simples repetição da Última Ceia, mas propriamente na Eucaristia, ou seja, na novidade radical do culto cristão".[3]

Todos os cristãos, desde os primeiros tempos, firmemente acreditaram nesse Sacrifício. São Paulo, por exemplo, escreveu aos Coríntios: "Assim, todas as vezes que comerdes deste pão e beberdes deste cálice, lembrareis a morte do Senhor até que ele venha" (1Cor 11,26). E, precedentemente, ensinava que havia uma total oposição entre esse sacrifício e os sacrifícios pagãos. "As coisas que os pagãos sacrificam, sacrificam-nas aos demônios e não a Deus. Não podeis beber ao mesmo tempo o cálice do Senhor e o cálice dos demônios" (1Cor 10,20 e 21).

Não se pode falar de dois Sacrifícios: um no calvário e outro no altar. Ensinou Paulo VI na carta que dirigiu aos bispos sobre o mistério eucarístico: "A Eucaristia é, acima de tudo, um Sacrifício: Sacrifício da redenção e, ao mesmo tempo, sacrifício da nova aliança, como nós acreditamos e claramente professam as Igrejas do Oriente: 'o sacrifício hodierno – afirmou há alguns séculos a Igreja Grega – é como aquele que um dia ofereceu o Unigênito Verbo Encarnado; e é (hoje como então) por Ele oferecido, sendo o mesmo e único Sacrifício'. Por isso, e precisamente com o tornar presente este único Sacrifício da nossa salvação, o homem e o mundo são restituídos a Deus por meio da novidade pascal da redenção".[4]

---

[3] *Sacramentum Caritatis,* n. 11.
[4] *O mistério e o culto da Santíssima Eucaristia*, n. 9.

O Concílio Vaticano II expressou também, claramente, esse ensinamento, dizendo: "Na última ceia, na noite em que foi entregue, nosso Salvador instituiu o Sacrifício eucarístico de seu corpo e sangue. Por ele, perpetua pelos séculos, até que volte, o Sacrifício da cruz, confiando destarte à Igreja, sua dileta esposa, o memorial de sua morte e ressurreição: sacramento de piedade, sinal de unidade, vínculo de caridade, banquete pascal, em que Cristo nos é comunicado em alimento, o espírito é repleto de graça e nos é dado o penhor da futura glória".[5]

E o Papa João Paulo II, na encíclica *Ecclesia de Eucharistia*, ensina: "O Senhor Jesus, na noite em que foi entregue" (1Cor 11,23), instituiu o Sacrifício eucarístico de seu corpo e sangue. As palavras do apóstolo Paulo recordam-nos as circunstâncias dramáticas em que nasceu a Eucaristia. Esta tem indelevelmente inscrito nela o evento da paixão e morte do Senhor. Não é só a sua evocação, mas presença sacramental. É o Sacrifício da cruz que se perpetua através dos séculos. Essa verdade está claramente expressa nas palavras com que o povo, no rito latino, responde à proclamação "mistério da fé" feita pelo sacerdote: "Anunciamos, Senhor, a vossa morte". [6]

Para reflexão

1) Como Jesus salvou a humanidade?
2) O Sacrifício de Jesus acabou-se no Calvário? Como hoje participamos dele?
3) Quais foram as palavras de São Paulo aos Coríntios para ensinar o valor da Eucaristia?

---

[5] *Sacrosanctum Concilium*, n. 47.
[6] *Ecclesia de Eucharistia*, n. 11.

O Mistério da Fé

Diante de tudo o que dissemos precedentemente, percebe-se que a Eucaristia é um **mistério**. É **o mistério da fé** por excelência.

Mistério é tudo aquilo que excede o entendimento humano e só se explica pelo **poder de Deus**. Mistério não é o impossível, mas o que só a Deus é possível realizar. Assim é a Eucaristia, onde fatos se efetuam, que só pelo poder de Deus se podem realizar. Tais são:

1º A presença substancial e real do corpo e sangue de Cristo sob as espécies de pão e de vinho.

2º A presença real e substancial do Sacrifício único de Cristo no instante em que, na missa, se consagram o pão e o vinho.

3º A presença sacramental da ressurreição. "Com efeito, o Sacrifício eucarístico torna presente não só o mistério da paixão e morte do Salvador, mas também o mistério da ressurreição, que dá ao Sacrifício sua coroação. Por estar vivo e ressuscitado é que Cristo pode tornar-se 'pão da vida' (Jo 6,35-48), 'pão vivo' (Jo 6,51), na Eucaristia."[7]

4º A união sacramental entre o **corpo real de Cristo** e o **Corpo Místico de Cristo** que é sua Igreja.

---

[7] *Ecclesia de Eucharistia*, n. 14.

5º A união de Cristo Senhor nosso com todos os que, bem dispostos pelo estado de graça, comungam a Eucaristia em qualquer das duas espécies, ou a de pão, ou a de vinho.

Esses cinco fatos realizam-se na Eucaristia. Isso, que transcende o entendimento humano (mistério), e nós o cremos (fé), torna-se possível pelo poder de Deus.

Como isso se dá? Não existe uma contradição à razão humana na profissão desse mistério?

São Tomás de Aquino advertiu que entender como na Eucaristia está o verdadeiro corpo e o verdadeiro sangue de Cristo "não é coisa que se possa descobrir com os sentidos, mas com a fé, baseada na autoridade de Deus".[8]

Jesus é Deus todo-poderoso

Sabemos que Ele ressuscitou dentre os mortos, como nos conta o Evangelho. Sabemos que Ele, depois de ressuscitado, aparecia e se ocultava aos olhos de seus discípulos (cf. Mc 16,19; Lc 24,31). Que Ele entrava no Cenáculo, estando fechadas as portas (Jo 20,19). E sabemos que Ele multiplicou os pães (Jo 6,5-15) e caminhou livremente sobre as águas (Jo 6,16-21). Sabemos que Ele se transfigurou diante de seus apóstolos (Mt 17,1-3).

Jesus podia, como se vê, fugir às leis da natureza e criar para si um estado novo de permanecer entre os homens.

Entende-se, então, que, ao instituir a Eucaristia, Jesus quis estabelecer esse modo novo de viver e se ofertar ao Pai e de comunicar-se com os que nele creem.

Esse modo é o estado em que Ele se manifestou na ressurreição. Jesus já o antecipou na ceia quando insti-

---

[8] *Summa Theologica* III P. Q. 75, art. 4.

tuiu a Eucaristia. Significativas as palavras de João Paulo II: "Se é com o dom do Espírito Santo em Pentecostes que a Igreja nasce e se encaminha pelas estradas do mundo, um momento decisivo de sua formação foi certamente a instituição da Eucaristia no Cenáculo. Seu fundamento e sua fonte é todo o *Triduum Paschale*, mas este está de certo modo contido, antecipado e 'concentrado' para sempre no dom eucarístico. Neste, Jesus Cristo entregava à Igreja a atualização perene do mistério pascal. Com ele, instituía uma misteriosa 'contemporaneidade' entre aquele *Triduum* e o arco inteiro dos séculos".[9]

Esse modo novo, nós o chamamos sacramental, isto é, o modo próprio desse sacramento.

A presença real do corpo de Jesus na hóstia se explica, se o quisermos, por seu estado de **ressuscitado**, não sujeito às leis da matéria.

A Eucaristia é mistério

É o "sacrum" por excelência na linguagem do Papa João Paulo II. "É preciso recordar isto sempre, e sobretudo em nosso tempo, talvez, quando observamos uma tendência para cancelar a distinção entre o 'sacrum' e o 'profanum', dada a geral e difundida tendência (pelo menos em certas partes) para a 'dessacralização' de todas as coisas."[10]

Nesse sentido, a Eucaristia transcende todas as leis e aparências. Tem origem no poder de Deus, e por ele se explica.

---

[9] *Ecclesia de Eucharistia*, n. 5.
[10] *Carta do Santo Padre sobre o Mistério e o culto da Sagrada Eucaristia*, 24 fev. 1980.

A Eucaristia é Sacramento

Isto é, através de sinais sensíveis, que são símbolos, significa e realiza a realidade desses símbolos. É isso o que se entende por **Sacramento**: símbolo que gera, pelo poder de Deus, uma realidade transcendente. Na Eucaristia, a mudança, pelo poder divino, dos elementos pão e vinho, faz presente sobre o altar o corpo e sangue de Cristo; e o símbolo de sua separação (corpo sob a espécie de pão, sangue sob a espécie de vinho) torna presente, pelo mesmo poder, o sacrifício de nossa redenção.[11]

A Eucaristia, quer como Sacramento, quer como Sacrifício, é uma só e mesma realidade. "Um e outro, Sacrifício e Sacramento, fazem parte do mesmo mistério. O Senhor imola-se de modo incruento no Sacrifício da missa, que representa o Sacrifício da cruz, e lhe aplica a eficácia salutar, no momento em que, pelas palavras da consagração, começa a estar sacramentalmente presente, como alimento espiritual dos fiéis, sob as espécies de pão e de vinho."[12]

Para reflexão

1) Por que a Eucaristia é um mistério de fé?
2) Jesus possuía poderes divinos de se ocultar e de subtrair seu corpo das leis físicas? Procure isso no Evangelho.
3) Que é um Sacramento? Como a Eucaristia é um Sacramento?

---

[11] Abstemo-nos aqui de explicações mais profundas, pela índole deste livro. Leitores que desejem estudo aprofundado poderão ler com proveito: F. X. Durrwel. *A Eucaristia, presença do Cristo* (Edições Paulinas), principalmente os capítulos 4 e 5 (p. 45-80).
[12] Paulo VI, *Encíclica Mysterium Fidei*, n. 34.

Como a Igreja explica o mistério da presença de Jesus na Eucaristia

Crendo e professando humildemente que Jesus está na Eucaristia e nela oferece seu Sacrifício e se nos dá em comunhão, podemos interrogar, entretanto, com reverência, sobre "como isto se dá" e se não existe uma contradição à razão humana na profissão deste mistério. Um santo muito sábio – São Tomás de Aquino – se propôs semelhante indagação. E encontrou na explicação oficial da Igreja a resposta satisfatória.

A transubstanciação

A Igreja, no Concílio de Trento, ao definir o dogma eucarístico, propôs uma explicação de ordem filosófica para esse mistério. Eis suas palavras: "Por ter o Cristo, nosso Redentor, dito que o que Ele oferecia sob a aparência de pão era verdadeiramente seu corpo, a Igreja de Deus sempre teve esta convicção, e o santo Concílio novamente declara: pela consagração do pão e do vinho faz-se a conversão de toda a substância do pão na substância do corpo de Cristo Nosso Senhor, e de toda a substância do vinho na substância do seu sangue. Esta conversão foi denominada convenientemente e propriamente, pela Santa Igreja Católica, transubstanciação".[13]

Essa é a explicação oficial da Igreja para o mistério da Eucaristia. Uma explicação, certamente, de ordem filosófica. Mas que, incorporada a um ensino dogmático oficial, passa a ser, por isso mesmo, teológica. Ela nos diz que o ser do pão e do vinho (substância), pelo poder de Deus se transforma, se muda no ser do corpo e do sangue de Cristo. Permanecem as aparências ou espécies naturais de pão e de vinho, para que o corpo e sangue de Cristo sejam alimento verdadeiro, conforme sua promessa (Jo 6,55), mas o ser íntimo dessas espécies é corpo e sangue de Cristo. Há, pois, na celebração da Eucaristia, uma mudança de substâncias. A transubstanciação seria a explicação quanto possível racional do mistério.

Pelo poder de Deus

A transubstanciação, entretanto, só se efetua pelo poder de Deus.

Converter-se um ser em outro transcende toda possibilidade natural. Só Deus pode realizá-lo. Escreve São Tomás: "Pela virtude de um agente finito não se pode mudar nem uma forma em outra, nem uma matéria em outra. Mas pela força de um agente infinito, cuja ação atinge todo o ser, tal conversão pode realizar-se, pois as duas formas e as duas matérias têm algo em comum: a participação no ser. E o que há como ser numa, o autor do mesmo ser pode convertê-lo no que há de ser da outra, suprimindo o que os distinguia".[14]

---

[13] Secção XIII, Cap. 4, cân. 2 Dezinger 877.
[14] *Summa Theologica* III P. Q. 75, art. 4. Sol. 3.

É por esse raciocínio que a Igreja conclui, em sua definição dogmática, que Jesus Cristo está no Sacramento da Eucaristia, "segundo um modo de existir, que nós, com palavras, mal conseguimos exprimir, mas com a inteligência iluminada pela fé podemos reconhecer como possível a Deus, modo que muito constantemente devemos aceitar como real".[15]

Paulo VI fez desse modo de pensar uma **solene profissão de fé** católica. "Para estar de acordo com a fé católica, toda explicação teológica que queira penetrar de algum modo neste mistério deve assegurar que em sua realidade objetiva, independentemente do nosso entendimento, o pão e o vinho deixaram de existir depois da consagração, de modo que a partir desse momento são o corpo e o sangue adoráveis do Senhor Jesus que estão realmente presentes diante de nós sob as espécies sacramentais do pão e do vinho."[16]

Transignificação, transfinalização

A Igreja ensina que a **transubstanciação** é a fórmula dogmática que exprime, com propriedade, a presença sacramental de Cristo sob as aparências do pão e do vinho.

Por isso, não aceita as chamadas teorias da **transignificação e transfinalização**, propostas por modernos teólogos, segundo os quais o que operariam as palavras consecratórias seria uma mudança de significação e uma mudança de finalidade do pão e do vinho.

---

[15] Concílio de Trento, *Decr. de Ss. Eucharistia*, cap. 1.
[16] *Solene profissão de fé*, 25, AAS 60 (1968) 442-443.

Na verdade, o pão e o vinho eucarísticos "só adquirem nova significação e nova finalidade por conterem nova realidade", que é Cristo – explica a encíclica *Mysterium fidei*.

"Depois da transubstanciação as espécies do pão e do vinho tomam nova significação e nova finalidade, deixando de pertencer a um pão usual e a uma bebida usual, para se tornarem sinal duma coisa sagrada e sinal dum alimento espiritual."[17] Mas isso acontece por causa da realidade em que se transubstanciaram: o corpo e o sangue de Cristo.

Para reflexão

1) É possível explicar, racionalmente, o modo da presença de Jesus na Eucaristia? Não encerra essa presença algo contrário à razão?
2) Com que termo a Igreja explica dogmaticamente essa presença?
3) Podem ser aceitas como explicações suficientes a "transignificação" e a "transfinalização"?

---

[17] Encíclica *Mysterium Fidei*, de Paulo VI, n. 46.

A Eucaristia e a Igreja

A Eucaristia e a Igreja são inseparáveis. Igreja, que significa assembleia do povo de Deus unido em Cristo, só existe e se une em plenitude quando tem Cristo consigo como Cabeça, e celebra a plenitude do mistério pascal de Cristo.

"A comunhão de vida com Deus e a unidade do Povo de Deus, pelas quais a Igreja é ela mesma, a Eucaristia as significa e as realiza. Nela está o clímax tanto da ação pela qual, em Cristo, Deus santifica o mundo, quanto do culto que no Espírito Santo os homens prestam a Cristo e, por Ele, ao Pai", ensina-nos o Catecismo da Igreja Católica.[18]

Por isso deve-se dizer com João Paulo II que a "Igreja vive da Eucaristia" e, ao mesmo tempo em que "celebra a Eucaristia", a "Eucaristia edifica a Igreja".[19]

"Existe *um influxo causal da Eucaristia* nas próprias origens da Igreja. Os evangelistas especificam que foram os doze, os apóstolos, que estiveram reunidos com Jesus na Última Ceia (cf. Mt 26,20; Mc 14,17; Lc 22,14). Trata-se de um detalhe de notável importância, porque os apóstolos "foram a semente do novo Israel e ao mes-

---
[18] *Catecismo da Igreja Católica*, n. 1325.
[19] *Ecclesia de Eucharistia*, Introd., 1 e 3.

mo tempo a origem da sagrada hierarquia". Ao oferecer-lhes seu corpo e sangue como alimento, Cristo envolvia-os misteriosamente no Sacrifício que se consumaria dentro de poucas horas no calvário. Do modo análogo à aliança do Sinai, que foi selada com um sacrifício e a aspersão do sangue, os gestos e as palavras de Jesus na Última Ceia lançavam os alicerces da nova comunidade messiânica, povo da nova aliança.[20]

A Igreja celebra a Eucaristia

Toda a vida da Igreja está na Eucaristia e na participação dela. Onde existe qualquer comunidade de fé, não basta que ali somente se celebre a Palavra. A Palavra lida alimenta a fé em Cristo. Mas a vida em Cristo só se recebe pela Eucaristia. "Em verdade, em verdade vos digo: se não comerdes a carne do Filho do Homem e não beberdes o seu sangue, não tereis a vida em vós" (Jo 6,51).

Por isso, mesmo nas comunidades distantes, não basta que ali se celebre a Palavra e se distribua a comunhão. Sempre que possível, ali se celebre a missa também. A Eucaristia entende-se, especificamente, como sua celebração completa sob a presidência de um sacerdote.

Importante o que escreveu João Paulo II: "Na Eucaristia, temos Jesus, seu sacrifício redentor, sua ressurreição, temos o dom do Espírito Santo, temos a adoração, a obediência e o amor ao Pai. Se transcurássemos a Eucaristia, como poderíamos dar remédio à nossa indigência?"[21]

---

[20] *Ibid.*, cap. II, n. 21.
[21] Conclusão, n. 60.

A Eucaristia edifica a Igreja

Esse é um dos mais ricos ensinamentos que o Papa João Paulo II exarou em sua encíclica *Ecclesia de Eucharitia*. Pode até causar estranheza. Mas é isto mesmo: a Igreja é um **edifício** (morada de Deus) que está sempre sendo edificado, à medida que o povo de Deus cada vez mais se santifica. E sua fonte de santificação é a Eucaristia.

Escreve o Papa: "O Concílio Vaticano II veio recordar que a celebração eucarística está no centro do processo de crescimento da Igreja. De fato, depois de afirmar que "a Igreja, ou seja, o Reino de Cristo já presente em mistério, cresce visivelmente no mundo pelo poder de Deus", querendo de algum modo responder à questão sobre o modo como cresce, acrescenta: "Sempre que no altar se celebra o Sacrifício da cruz, no qual Cristo, nossa Páscoa, foi imolado (1Cor 5,7), realiza-se também a obra da nossa redenção. Pelo Sacramento do pão eucarístico, ao mesmo tempo é representada e se realiza a unidade dos fiéis, que constituem um só corpo em Cristo (cf. 1Cor 10,17)".[22]

Para reflexão

1) Que relações podemos achar entre a Eucaristia e a Igreja?
2) Essas relações são possíveis? Por quê?
3) Como a Eucaristia edifica a Igreja?

---

[22] *Ecclesia de Eucharistia*, n. 21.

A Eucaristia Celebração de Amor entre os Homens

"Antes da festa da Páscoa, sabendo Jesus que chegara a sua hora de passar deste mundo ao Pai, porque amava os seus que estavam no mundo, até o extremo os amou" (Jo 13,1).

É assim que São João inicia o capítulo do Evangelho em que fala da Última Ceia. O que nela acontecerá é prova do amor supremo de Jesus, que Ele quer prolongar entre os homens.

E São Lucas descreve da seguinte maneira o início da ceia: "Chegada que foi a hora, Jesus pôs-se à mesa, e com Ele os seus apóstolos. Disse-lhes: Tenho desejado ardentemente comer convosco esta Páscoa, antes de sofrer. Pois digo-vos: Não tornarei a comê-la, até que ela se cumpra no reino de Deus" (Lc 22,14-17).

Jesus desejou ardentemente comer esta Páscoa, porque amava os homens e queria deixar-lhes, antes de morrer, o Sacramento ou mistério que possibilitaria a perene celebração do seu amor.

Só Ele, por seu poder divino, era capaz de antecipar, numa celebração misteriosa, a própria morte. E só Ele também podia instituir que essa mesma celebração se estendesse pelos séculos mediante o ministério de homens. E foi o que Ele fez: instituiu a Eucaristia, para que se tornasse a celebração do seu amor, a ser perenizada por meio dos apóstolos e seus sucessores, bispos e padres.

Na Eucaristia, celebra-se a totalidade do amor de Deus. Tudo se sintetiza nela: a vinda de Cristo ao mundo – sua Encarnação, pois ela é **presença** de Jesus; a morte do Senhor na cruz – a Redenção, pois ela é seu **Sacrifício**; a ressurreição gloriosa e o eterno convívio de Jesus com os homens, pois ela é **comunhão**.

O *Sacramentum caritatis*

Percebe-se, à luz do que dissemos acima, o profundo significado da primeira Exortação Apostólica de Bento XVI, sobre a Eucaristia, que ele denomina "Sacramento do amor", *Sacramentum caritatis*. Essa Exortação, que se segue ao último Sínodo dos Bispos sobre a Eucaristia, afigura-se um reverso de medalha, se comparada à derradeira encíclica de João Paulo II que enfocou também a Eucaristia. Note-se que João Paulo II salientou sobremaneira o aspecto de **fé** quanto a esse Sacramento; e Bento XVI, logo depois, salienta nele o aspecto de **amor**.

Eis como o novo Papa inicia o seu importante documento, aliás depois de ter dedicado sua primeira encíclica também ao **amor** – *Deus caritas est*:

"SACRAMENTO DA CARIDADE, a santíssima Eucaristia é a doação que Jesus fez de si mesmo, revelando-nos o amor infinito de Deus por cada homem. Neste sacramento admirável, manifesta-se o amor "maior", o amor que leva a "dar a vida pelos amigos" (Jo 15,13). De fato, Jesus "amou-os até o fim" (Jo 13,1).

Comentando o grande Santo Agostinho, Bento XVI lembra com ele que "o homem se move espontaneamente, e não constrangido, quando encontra algo que o atrai e nele suscita desejo". "De fato, todo homem traz dentro de si o desejo insuprimível da verdade última e definitiva." E conclui, enfim, Bento XVI: "No sacramento da Eucaristia, Jesus mostra-nos de modo particular a *verdade do amor*, que é a própria essência de Deus".[23]

O "sacrum" celebrado

Não se pode esquecer este dado fundamental: o mistério da Eucaristia é uma celebração. Isto é: um ato comum, festivo, que lembra e revive grandes acontecimentos. Esses grandes acontecimentos são:

1º - A **encarnação**, pela qual Deus se fez homem. "E o Verbo se fez carne e habitou entre nós" (Jo 1,14). Por isso dizia Santo Agostinho que, na Eucaristia, "o Verbo de Deus como que de novo se encarna".

2º - A **morte de Jesus**, na qual fomos salvos. "Toda vez que comerdes deste pão ou beberdes deste cálice, anunciareis a morte do Senhor" (1Cor 11,26).

3º - A sua **ressurreição**, que é o começo do novo Reino de Deus, a consumar-se para todos na ressurreição final. Por isso, na missa o padre reza, após a consagração: "Celebrando agora, ó Pai, a morte e ressurreição de vosso Filho..." – (Anáfora II). A missa é memorial, não só da morte, mas também da ressurreição do Senhor.

Por todas essas celebrações num só Sacramento, A missa em sua liturgia é de incomparável beleza, dentro da qual devemos nos mergulhar. "Na liturgia, brilha o mistério pascal – adverte-nos Bento XVI – pelo qual o próprio Cristo nos atrai a si e chama à comunhão. Em

---

[23] Exortação Apostólica *Sacramentum caritatis*, Introdução, n. 1 e 2.

Jesus, como costumava dizer São Boaventura, contemplamos a beleza e o esplendor das origens. Referimo-nos aqui a este atributo da beleza, vista não enquanto mero esteticismo, mas como modalidade com que a verdade do amor de Deus em Cristo nos alcança, fascina e arrebata, fazendo-nos sair de nós mesmos e atraindo-nos assim para a nossa verdadeira vocação: o amor."[24]

Para reflexão

1) Relembrem os textos de João e de Lucas, que narram a instituição da Eucaristia (Jo 13,1 e Lc 22,14-17). Que significam?
2) Por que a Eucaristia é uma celebração? Que quer dizer isso?
3) Quais os mistérios de Jesus que se comemoram na Eucaristia?

---

[24] *Sacramentum caritatis*, II P., n. 35.

A Eucaristia: Presença, Sacrifício e Comunhão

É necessário guardar bem que o Sacramento da Eucaristia deve ser considerado em três dimensões:
1ª) Ele é a **presença** de Jesus.
Na hóstia consagrada Jesus está sacramentalmente presente.

No antigo catecismo, decorava-se: "Na Eucaristia, sob as aparências de pão e de vinho, Jesus está verdadeiramente presente com seu corpo, sangue, alma e divindade".

E a Igreja, em todos os tempos, sempre afirmou isso como verdade que faz parte de nossa fé.

O Concílio de Trento definiu: "Por princípio ensina o santo Sínodo e aberta e simplesmente professa que, no admirável Sacramento da santa Eucaristia, depois da consagração do pão e do vinho, sob a aparência destas cousas sensíveis, se contém, real, verdadeira e substancialmente, nosso Senhor Jesus Cristo, verdadeiro Deus e verdadeiro homem".[25]

O Concílio Vaticano II, sem definir dogmaticamente essa verdade (pois esse Concílio não tinha por determinação definir dogmas), assegura que "a Santíssima Eucaristia contém todo o bem espiritual da Igreja, a saber,

---

[25] DENZINGER, *Enchiridion Symbolorum*, n. 874.

o próprio Cristo, nossa Páscoa e pão vivo, dando vida aos homens, através de sua carne vivificada e vivificante pelo Espírito Santo",[26] e que na Santíssima Eucaristia "é venerada, para auxílio e consolação dos fiéis, a presença do Filho de Deus nosso Salvador oferecido por nós na ara sacrifical".[27]

2ª) O Sacramento da Eucaristia é o **sacrifício** verdadeiro de Cristo oferecido no calvário e sacramentalmente presente na missa.

Também esse é um ponto de fé, sempre professado na Igreja. O Concílio de Trento o definiu largamente (Sessão XXII). E o Concílio Vaticano II diz, de modo explícito, que a Eucaristia perpetua o Sacrifício da cruz e renova a obra de nossa redenção.[28]

3ª) A Eucaristia é **comunhão** com Cristo e entre os que a celebram. Nela se recebe o verdadeiro corpo e sangue de Cristo e nela nos unimos pelo vínculo da caridade e da graça divina. É por ela que nos tornamos o verdadeiro povo de Deus. Por isso disse o Concílio Vaticano II: "Reconfortados pelo corpo de Cristo na Sagrada Comunhão, mostram (os cristãos) de modo concreto a unidade do povo de Deus, apropriadamente significada e maravilhosamente realizada por este augustíssimo Sacramento".[29]

Essas três dimensões da Eucaristia – presença, sacrifício e comunhão – não se podem separar, pois constituem a totalidade do grande mistério de nossa fé, pelo

---

[26] *Presbyterorum Ordinis*, n. 5.
[27] *Idem, ibidem*.
[28] Cf. *Lumen Gentium*, n. 28; *Sacrosantum Concilium*, n. 47; *Presbyterorum Ordinis*, n. 13. Ler também: Papa João Paulo II, *Carta sobre o mistério e o culto da Ssma. Eucaristia*. Vaticano: Libreria Editrice, p. 29-34, n. 9.
[29] *Lumem Gentium*, n. 11.

qual cremos que Jesus continua presente na Igreja, se oferece como sacrifício pelo mundo, e nos une a todos na participação sacramental de seu corpo e sangue.

As três dimensões são igualmente importantes, embora em algumas épocas se tenha salientado mais a presença real e, em outras, o sacrifício eucarístico.

Para reflexão

1) Por que devemos crer que Jesus está presente, é oferecido como sacrifício, e nos é dado em comunhão?
2) Dois Concílios, principalmente, ensinaram a doutrina sobre a Eucaristia. Como a ensinaram?
3) Qual das três dimensões da Eucaristia é mais importante?

EUCARISTIA, SACRAMENTO DE COMUM-UNIÃO

Em torno do altar estamos todos unidos na fé e na caridade. Cristo é o centro dessa união. Por isso, Ele quis que a Eucaristia fosse celebrada em forma de refeição. "Minha carne é verdadeiramente uma comida e meu sangue é verdadeiramente uma bebida" (Jo 6,55). A refeição é sinal (sacramento) da união de amigos.

Na celebração da Eucaristia, unimo-nos com **Cristo** e entre nós. Ela é **comunhão**, ou **comum-união** de todos.

Sentido da Comunhão Eucarística

Materialmente, comungar é receber a hóstia e comê-la. **Espiritualmente, sacramentalmente**, é muito mais: é estar unido a Cristo e aos irmãos e compartilhar com eles nossa vida e nossos próprios bens.

O ato de comungar já supõe **união a Cristo pela graça**, e já supõe **união aos irmãos pela caridade**.

São Paulo adverte aos Coríntios: "Ouço que, quando vos reunis como igreja, têm surgido dissensões entre vós... De fato, quando vos reunis, não é para comer a Ceia do Senhor... Examine-se cada um a si mesmo e, assim, coma do pão e beba do cálice, pois, quem come e bebe sem distinguir devidamente o corpo, come e bebe sua própria condenação" (1Cor 11-18.20.28.29).

"Dissensões", de que fala o apóstolo, significam falta de caridade entre os irmãos. "Comer e beber indignamente o corpo e sangue do Senhor" significa não estar unido a Ele pela graça. Em ambos os casos, a comunhão fica sendo um ato simplesmente material, em que o Sacramento não produz frutos, e fica sendo "causa de condenação".

Comunhão e pureza de consciência

João Paulo II, em sua *"Carta sobre o mistério e o culto da Eucaristia"* tem palavras muito candentes sobre a necessidade da pureza de consciência para a comunhão eucarística. Eis aqui dois trechos:

"Algumas vezes, ou melhor dito em casos bastante numerosos, todos os participantes na assembleia eucarística se apresentam à comunhão; mas certas vezes, como confirmam pastores avisados, não houve a devida preocupação de aproximar-se do Sacramento da Penitência para purificar a própria consciência. Isto, naturalmente, pode significar que aqueles que se apresentam à Mesa do Senhor não encontram, na própria consciência e segundo a lei objetiva de Deus, nada que lhes impeça aquele sublime e jubiloso ato da união sacramental com Cristo. Mas pode também aqui esconder-se outra convicção, pelo menos algumas vezes: a convicção de considerar a missa **apenas** como um banquete, no qual se participa **recebendo o Corpo de Cristo, para manifestar, sobretudo, a comunhão fraterna**. E a estes motivos podem facilmente vir juntar-se uma certa consideração humana e um simples 'conformismo'".

E depois: "Nós não podemos permitir que na vida das nossas comunidades se vá dispersando aquele bem que é a sensibilidade da consciência cristã, dirigida unicamente pelo respeito a Cristo que, ao ser recebido na Eucaristia, deve encontrar no coração de cada um de nós uma morada digna. Esse problema está intimamente ligado, não só com a prática do Sacramento da Penitência, mas também com um reto sentido de responsabilidade perante o depósito de toda a doutrina moral e perante a distinção precisa entre o bem e mal, a qual se torna em seguida, para cada um dos participantes na Eucaristia, base de correto juízo de si mesmo no íntimo da própria consciência".[30]

Também o Papa Bento XVI, na Exortação Apostólica *Sacramentum caritatis,* volta a insistir na necessidade da conversão por meio do Sacramento da Reconciliação. E onera a consciência dos sacerdotes no sentido de se disporem com zelo a administrar o Sacramento da Reconciliação: "Todos os sacerdotes se dediquem com generosidade, empenho e competência à administração do Sacramento da Reconciliação. A propósito, procure-se que, nas nossas igrejas, os confessionários sejam bem visíveis e expressivos do significado deste sacramento. Peço aos pastores que vigiem atentamente sobre a celebração do Sacramento da Reconciliação, limitando a prática da absolvição geral exclusivamente aos casos previstos, permanecendo como forma ordinária de absolvição apenas a pessoal".[31]

Pão partido para o mundo

Nos últimos tempos, toma-se consciência de um sentido muito mais amplo da Eucaristia: sua vivência vai além do **ato de culto da celebração**; deve-se estender **à vida concreta e real, da partilha com os irmãos.**

---

[30] *Carta sobre o mistério e o culto da Eucaristia*, Ed. Vozes, p. 29 e 30,11.
[31] *Sacramentum caritatis,* n. 21.

Entre os primeiros cristãos era assim. "Perseveravam na doutrina dos apóstolos, na comunhão da fração do pão e nas orações" (At 2,42). "Os crentes, porém, estavam unidos e tinham todas as cousas em comum. Vendiam suas propriedades e seus bens e distribuíam o dinheiro entre todos, conforme a necessidade de cada um" (At 2,44.45).

Ser cristão **eucarístico** não é somente assistir à missa e comungar. É saber partilhar o que tem para aliviar a miséria do mundo.

Quem comunga deve ter apreço aos irmãos, espezinhados em sua dignidade pelas injustiças e pela fome. Disse o Papa João Paulo II: "Se o nosso culto eucarístico for autêntico, ele terá de aumentar em nós a consciência da dignidade do homem. A consciência dessa dignidade transforma-se no motivo mais profundo de nosso relacionamento com o próximo. Dessa maneira devemos tornarnos particularmente sensíveis a todo tipo de sofrimento e miséria humana, a todo tipo de injustiça e de ofensa, procurando a forma de consertá-los de maneira eficaz. Porque o sentido do mistério eucarístico impulsiona em nós o amor ao próximo, o amor a todos os homens".[32]

Para reflexão

1) Por que Jesus celebrou a Eucaristia numa refeição?
2) Pode-se celebrar a Eucaristia só materialmente? Quando isso acontece?
3) Além do "estado de graça", que mais é preciso para participar bem da Eucaristia?

---

[32] *O mistério e o culto da Eucaristia*, n. 6.

A Eucaristia realiza-se na Missa

Acostumados embora a participar da missa, às vezes separamos a **comunhão, o sacrifício e a presença de Jesus**. Mas isso não é certo. A Eucaristia – presença, sacrifício, comunhão – é um todo que se efetua, se realiza, se concretiza na missa.

A missa é uma **celebração**, ato festivo do povo de Deus, que se reúne. E, nesse ato festivo, acontece o grande mistério, que é **presença**, é **comunhão**, é **sacrifício** de Jesus.

A presença eucarística continua depois, enquanto houver hóstias consagradas. Mas ela tem uma relação íntima com a Santa Missa. E qualquer comunhão, mesmo fora da missa, se dá com uma referência à Santa Missa, que é sua fonte primordial.[33]

Por isso a Eucaristia deve ser avaliada, cultuada e buscada pelos fiéis no contexto da missa.

Que é, então, a missa?

É celebração festiva da **presença** e do **sacrifício** de Cristo e da **comunhão** com Ele. Noutras palavras, é a celebração de sua **Páscoa**.

Lembremos alguns pontos sobre a missa.

---

[33] *Catequese Renovada*. Doc. 26 da CNBB, p. 101.

Mesa da Palavra e mesa do pão

Na celebração da Eucaristia é servida aos cristãos dupla mesa, como notava Santo Agostinho: a mesa da Palavra de Deus e a mesa do Corpo de Cristo.

A primeira prepara a segunda, porque desperta e ilumina a fé, sem a qual não se pode receber a Cristo. "A Palavra proclamada não só instrui e revela o mistério da redenção e da salvação realizado através da história (SC n. 33), mas torna o Senhor presente no meio do seu povo" (SC n. 7).[34]

A mesa da Palavra, também chamada liturgia da Palavra, constitui-se das leituras da Sagrada Escritura, uma do Antigo Testamento, outra de uma das cartas de São Paulo, e a terceira do Evangelho. Depois delas se escuta a homilia, ou comentário das Escrituras, e, nos domingos, se faz a profissão de fé e se rezam as preces da assembleia.

Ofertório, consagração, comunhão

Depois da **Liturgia da Palavra**, começa a **liturgia da Eucaristia**, propriamente dita. Ela tem três partes: **ofertório, consagração e comunhão.**

1ª) O **ofertório** se dá quando o padre oferece o pão e o vinho, que vão ser consagrados no corpo e sangue de Cristo. Nesta hora somos convidados a oferecer também nossos dons, **materiais** através da coleta, e **espirituais** através de nossas intenções, pois "a Igreja deseja que os fiéis, não somente ofereçam a vítima imaculada, mas aprendam também a oferecer-se a si mesmos; e assim vão aperfeiçoando de dia para dia, por meio do

---

[34] *Pastoral dos Sacramentos da Iniciação Cristã*. Doc. 2º da CNBB, p. 60.

Cristo Mediador, a sua união com Deus e com os irmãos, para que Deus finalmente seja tudo em todos".[35]

2ª) A **consagração** é a longa oração que o sacerdote faz, intercalada com algumas respostas da assembleia, e dentro da qual se contém a narração da última ceia, que é precisamente a **consagração**. É o ponto mais alto, solene, grandioso, da Santa Missa. Por isso, devem pôr-se de joelhos os que não estiverem impedidos. É quando se dá a chamada **transubstanciação**, ou mudança miraculosa do pão e do vinho no corpo e no sangue de Cristo. É quando se dá o Sacrifício, memorial da Paixão e ressurreição de Jesus.

3ª) A **comunhão** começa com o "Pai-nosso" e a oração da paz, que a preparam. Realiza-se com a recepção da hóstia ou corpo de Cristo, e, sendo possível, também do sangue do Senhor.

A celebração é um todo

É preciso que estejamos atentos para o sentido totalizante das três partes que acima expusemos.

"A apresentação das ofertas, a oração de ação de graças sacrifical e a comunhão no corpo e no sangue do Senhor são três momentos de uma ação dinâmica e globalizadora. Não raro, porém, a comunidade toma uma atitude de espera, até que passem os dois primeiros momentos, a fim de voltar à participação da ação litúrgica pela comunhão. Isso tem como consequência uma certa concepção de 'RECEBER A COMUNHÃO' e não de 'CELEBRAR O SACRIFÍCIO', de 'FAZER COMUNHÃO',

---

[35] *Institutio Generalis Missalis Romani*, n. 55.

no sentido forte e pleno de Eucaristia como COMUM-UNIÃO no corpo e no sangue do Cristo, sacramento da reunificação fraterna dos homens entre si e destes com o Pai por Cristo, mediador e pontífice."[36]

Sacrifício de Cristo e da Igreja

No coração mesmo da missa – no ato da **consagração** – está o ápice da celebração eucarística: o **Sacrifício de Cristo e da Igreja**.

É importante lembrar que a Eucaristia torna presente sobre o altar, Cristo em sua **forma ou estado pascal**, Cristo **morto** e **ressuscitado**.

Ela é, assim, o **Sacrifício de Cristo no Calvário** e o **Sacrifício atual da Igreja**, que professa a fé na morte e ressurreição do Senhor.

"A Eucaristia é a renovação da aliança do Senhor conosco, seu povo; perpetua o Sacrifício da cruz, realizando de modo contínuo a obra da redenção; é o Sacramento de piedade, sinal de unidade, banquete pascal, em que Cristo nos é dado, força para nossa caminhada, prelibação dos bens futuros."[37]

Para reflexão

1) Que definição se pode dar da missa?
2) Que significam: "mesa da Palavra" e "mesa do Pão"?
3) Em que ponto da missa se realiza o Sacrifício de Cristo e da Igreja?

---

[36] *Pastoral dos Sacramentos da Iniciação Cristã*. Doc. 2º da CNBB, p. 60.
[37] *Catequese Renovada*. Doc. 26 da CNBB, p. 99-100.

A Eucaristia supõe uma Preparação

Depois de tudo o que vimos, percebe-se que a participação na Eucaristia supõe:

1º) Iniciação na fé por meio de catequese bem-feita.
2º) Vida cristã efetiva.
3º) Consciência mínima de uma vivência comunitária em Igreja.

São três pontos essenciais. E muitas pessoas que comungam nem sempre satisfazem a essas condições. Torna-se, por isso, urgente reconstituir nossas ideias e práticas com respeito à Eucaristia.

Iniciação na fé

Para as crianças exige-se uma "cuidadosa preparação" à Primeira Eucaristia. Dispõe o Cân. 913: "Para que a Santíssima Eucaristia possa ser administrada às crianças, requer-se que elas tenham suficiente conhecimento e cuidadosa preparação, de modo que possam compreender o mistério de Cristo, de acordo com sua capacidade, e receber o Corpo do Senhor com fé e devoção". É evidente que se deve exigir idêntica preparação também para os adultos.

Essa preparação é o que se chama "iniciação na fé". Ela compreende o mínimo de **conhecimentos** e o mínimo de **práticas** de vida cristã.

Há um mínimo de conhecimento para quem professa a nossa fé. É preciso saber que existe um Deus Criador e Senhor de tudo; que o seu Filho Jesus Cristo é nosso redentor; que somos congregados por Cristo numa Igreja, que é o povo de Deus; que seremos salvos eternamente no Céu por esta fé; que Cristo perpetuou sua presença e seu Sacrifício na Eucaristia para estar em comunhão com os homens; que somos chamados a fazer uma união de caridade no mundo.

Quem ignora esse mínimo, como vai aderir à religião de Jesus Cristo?

Não basta só **conhecer**. É preciso um mínimo de **práticas**, que exprimam a fé que se conheceu.

A catequese, quer de crianças, quer de adultos, deve levar àquele duplo mínimo, que é "iniciação na fé".

A catequese não é só para ensinar, mas para levar a viver. A fé deve crescer, mas só crescerá se partir do mínimo de práticas necessárias: assistência à missa dominical, oração, procura da reconciliação com Deus pela confissão dos pecados, atos de caridade para com o próximo.

Quanto tempo de preparação

Quanto tempo deve durar uma preparação para a Primeira Eucaristia? A pastoral, em cada ambiente, em cada igreja particular, deve estabelecer o tempo conveniente.

Entretanto, "não importa muito quanto tempo deve durar a preparação. Importa, sim, que a criança receba os rudimentos de compreensão da celebração e já possa ser tranquilamente admitida à participação eucarística, na certeza de que continuará a aprofundar sua fé, cultivada na igreja doméstica e na assiduidade à assembleia".[38]

O mesmo se deve dizer do adulto, que vai participar da Primeira Eucaristia.

Vida cristã efetiva

A participação na Eucaristia supõe vida cristã **efetiva** na pessoa. Ela é celebração de uma vida sobrenatural, de que a pessoa já participa.

Não se explica como pessoas que não apresentam em suas vidas o mínimo de cristianismo queiram comungar. É o caso, por exemplo, das pessoas amasiadas, ou divorciadas, que buscaram outro casamento.

"A Igreja...reafirma a sua práxis, fundada na Sagrada Escritura, de não admitir à comunhão eucarística os divorciados que contraíram nova união. Não podem ser admitidos, do momento em que o seu estado e condições de vida contradizem objetivamente aquela união entre Cristo e a Igreja, significada e atuada na Eucaristia."[39]

De igual modo não pode aproximar-se da mesa sagrada qualquer pessoa que se ache em consciente estado de pecado ou em evidente contradição com a vida cristã. "Examine-se, pois, a si mesmo o homem, e assim coma deste pão e beba deste cálice" (1Cor 11,28). Dispõe o Cân. 916: "Quem está consciente de pecado grave não celebre a missa nem comungue o Corpo do Senhor, sem fazer antes a confissão sacramental, a não ser que exista causa grave e não haja oportunidade para se confessar; neste caso, porém, lembre-

---

[38] *Pastoral dos Sacramentos da Iniciação cristã*. Doc. 2º da CNBB, p. 102.
[39] Papa João Paulo II, *Familiaris Consortio*, n. 84.

-se de que é obrigado a fazer um ato de contrição perfeita que inclui o propósito de se confessar quanto antes".

Consciência de vida comunitária

A Eucaristia exprime a própria vida da Igreja. Participar da Eucaristia não é apenas um ato individual. É comunhão.

Por isso, os que comungam são cada vez mais convocados a maior consciência comunitária.

"Não se edifica... nenhuma comunidade cristã, se ela não tiver por raiz e centro a celebração da Santíssima Eucaristia: por ela, há de iniciar-se por isso toda educação do espírito comunitário".[40]

É preciso reconhecer que muita gente que comunga ainda não entendeu esse ponto. A preparação à Eucaristia deve, cada vez mais, empenhar-se na formação do espírito comunitário dos fiéis.

A missionariedade da Igreja se enriquecerá sobremaneira com a celebração comunitária da Eucaristia.

Para reflexão

1) Que conhecimentos religiosos mínimos se requerem para a comunhão?
2) Quanto tempo deve durar a preparação para a Primeira Eucaristia?
3) Pode comungar quem vive em pecado? E quem é desligado totalmente da vida da comunidade?

---

[40] *Presbyterorum Ordinis*, n. 6.

O Culto da Eucaristia

À Eucaristia é devida suma veneração, por causa do próprio Cristo nela presente e oferecido em sacrifício.[41]

O culto devido à Eucaristia chama-se **culto latrêutico**, ou seja, culto de adoração. É o culto devido ao próprio Deus.

"Este culto latrêutico ao Sacramento Eucarístico, professou-o e professa-o a Igreja Católica, não só durante a missa, mas também fora dela, conservando com o maior cuidado as hóstias consagradas, expondo-as à solene veneração dos fiéis e levando-as em procissão vitoriadas por grandes multidões."[42]

Com respeito a esse culto, alguns pontos a ser lembrados:

"O *culto prestado à Eucaristia fora da missa* é de um valor inestimável na via da Igreja e está ligado intimamente com a celebração do sacrifício eucarístico. A presença de Cristo nas hóstias consagradas que se conservam após a missa – presença essa que perdura enquanto subsistirem as espécies do pão e do vinho – resulta da celebração da Eucaristia e destina-se à co-

---

[41] Cf. Os cânones 897 e 898.
[42] *Encíclica Mysterium Fidei*, de Paulo VI, n. 5.

munhão sacramental e espiritual. Compete aos pastores, inclusive pelo testemunho pessoal, estimular o culto eucarístico, de modo particular as exposições do Santíssimo Sacramento e também as visitas de adoração a Cristo presente sob as espécies eucarísticas."[43]

Visitas ao Ss. Sacramento

1º) Quando se entra numa igreja, a primeira ação a ser praticada é dirigir-se ao altar onde está a Eucaristia, e adorá-la de joelhos.

2º) É exercício de piedade eucarística muito recomendável a visita frequente ao Santíssimo Sacramento nos oratórios em que se acha.

3º) Lembremos que quem visita o Santíssimo Sacramento pelo menos meia hora lucra indulgência plenária, conforme concessão da Igreja.[44]

O Papa Bento XVI, em sua Exortação Apostólica *Sacramentum caritatis,* não omitiu também tratar da adoração e piedade eucarística. Importa lembrar um esclarecimento que faz de início: "Quando a reforma dava os primeiros passos, aconteceu às vezes não se perceber com suficiente clareza a relação intrínseca entre a Santa Missa e a adoração do Santíssimo Sacramento; uma objeção então em voga, por exemplo, partia da ideia que o pão eucarístico nos fora dado não para ser contemplado, mas comido. Ora, tal contraposição, vista à luz da experiência de oração da Igreja, aparece realmente destituída de qualquer fundamento; já Santo Agostinho

---

[43] *Ecclesia de Eucharistia*, n. 25.
[44] *Enchiridion Indulgentiarum* – Indulgentiae plenariae, n. 3.

dissera: "Nemo autem illam carnem manducat, nisi prius adoraverit... peccemus non adorando (Ninguém come esta carne, sem antes adorar... pecaríamos se não a adorássemos)". De fato, na Eucaristia, o Filho de Deus vem a nosso encontro e deseja unir-se conosco; a adoração eucarística é apenas o prolongamento visível da celebração eucarística, a qual, em si mesma, é o maior ato de adoração da Igreja; receber a Eucaristia significa colocar-se em atitude de adoração daquele que comungamos. Precisamente assim, e apenas assim, é que nos tornamos um só com Ele e, de algum modo, saboreamos antecipadamente a beleza da liturgia celeste. O ato de adoração fora da Santa Missa prolonga e intensifica aquilo que se fez na própria celebração litúrgica".[45]

Depois dessa explicação bastante importante, ele aconselha: "Juntamente com a assembleia sinodal, recomendo, pois, vivamente aos pastores da Igreja e ao povo de Deus a prática da adoração eucarística, tanto pessoal como comunitária. Para isso, será de grande proveito uma catequese específica, na qual se explique aos fiéis a importância desse ato de culto que permite viver, mais profundamente e com maior fruto, a própria celebração litúrgica. Depois, na medida do possível e sobretudo nos centros mais populosos, será conveniente individuar igrejas ou capelas que se possam reservar propositadamente para a adoração perpétua. Além disso, recomendo que na formação catequética, particularmente nos itinerários de preparação para a Primeira Comunhão, se iniciem as crianças no sentido e na beleza de demorar-se na companhia de Jesus, cultivando o enlevo pela sua presença na Eucaristia".[46]

---

[45] *Sacramentum caritatis*, n. 66.
[46] *Ibidem*, n. 67.

Disposições para a comunhão

1ª) Quem participa da Eucaristia, principalmente pela comunhão, deve apresentar-se dignamente vestido. As mulheres se lembrem de que é uma irreverência imperdoável ir comungar com vestes decotadas e, pior ainda, às vezes indecorosas.

2ª) O respeito à Eucaristia é que fez a Igreja prescrever o jejum anterior à comunhão. Atualmente, esse jejum, ou a abstenção de alimentos sólidos e bebidas alcoólicas, é de uma hora, antes da comunhão. Não obriga, porém, às pessoas doentes e idosas nem aos que delas cuidam. E a água e remédios não se incluem na proibição.[47]

3ª) Pode-se comungar de pé e pode-se receber a comunhão na mão, onde o bispo o permitir. Requer-se, para isso, a devida reverência, e cuidado para que não caiam ao chão os fragmentos.

"Tal prática foi pedida por algumas Conferências Episcopais, singularmente, e obteve a aprovação da Sé Apostólica. Contudo, chegam informações sobre casos de deploráveis faltas de respeito para com as espécies eucarísticas... Ao escrever isto, não se quer de maneira nenhuma fazer referência àquelas pessoas que, recebendo o Senhor Jesus na mão, o fazem com o espírito de profunda reverência e devoção, nos países onde tal prática foi autorizada."[48]

4ª) A comunhão pode ser distribuída por leigos devidamente autorizados pelo bispo e mesmo delegados, em caso de emergência, por um sacerdote. Ninguém

---

[47] Cân. 919.
[48] João Paulo II, *Carta sobre o mistério e o culto da Eucaristia*, ed. cit., p. 44 e 45.

precisa ter escrúpulos de receber a comunhão das mãos de um leigo.

5ª) "Quem já recebeu a santíssima Eucaristia pode recebê-la novamente no mesmo dia, somente dentro da celebração eucarística em que participa", e, em caso de perigo de morte, pode ainda recebê-la como viático.[49]

Assistência à Santa Missa

1º) É preceito da Igreja a assistência à missa em todos os domingos e dias de guarda. Satisfaz a esse preceito quem assiste à missa vespertina do sábado ou da véspera do dia santificado.

2º) A missa íntegra compreende a **liturgia da Palavra**, (leitura da Palavra de Deus) e a **liturgia Eucarística** propriamente (ofertório, consagração e comunhão). Quem despreza a liturgia da Palavra não é menos culpado do que quem se retira da liturgia Eucarística.

3º) O verdadeiro cristão não pode limitar-se a **assistir** à missa. Deve nela **participar**, dialogando as partes componentes, quanto possível cantando e integrando-se na comunidade orante. "A Liturgia é o ápice e a fonte da vida da Igreja, em encontro com Deus e com os irmãos."[50]

4º) A coleta reveste-se de grande sentido de participação à missa. É a oferenda material que fazemos para o culto e para os pobres. Traduz o preceito da Sagrada Escritura: "Não aparecerão diante do Senhor com mãos vazias. Cada um dará segundo o que tiver, em proporção das bênçãos que o Senhor, teu Deus, lhe tiver dado" (Dt 16,16.17).

---

[49] Cân. 917.
[50] *Catequese renovada.* Doc. 26 da CNBB, p. 98-99.

Para reflexão

1) Que culto se deve prestar à divina Eucaristia?
2) Lembre as disposições para a comunhão.
3) Como se satisfaz ao preceito da missa dominical? É necessária a participação à liturgia da Palavra? Que significa a coleta?

ÍNDICE

Apresentação 3

Jesus não está longe nós 5

A Eucaristia é o mesmo Sacrifício de Jesus
que se ofereceu no calvário 8

O mistério da fé 11

Como a Igreja explica o mistério da presença
de Jesus na Eucaristia 15

A Eucaristia e a Igreja 19

A Eucaristia: celebração de amor entre os homens 22

A Eucaristia: presença, sacrifício e comunhão 26

Eucaristia, sacramento de comum-união 29

A Eucaristia realiza-se na missa 33

A Eucaristia supõe uma preparação 37

O culto da Eucaristia 41

Este livro foi composto com as famílias tipográficas Arial e Trajan Pro e impresso em papel offset 75g/m² pela **Gráfica Santuário**.